AF595231

DECLARATION DV ROY EN FORme de Bail de la Ferme Generale de l'Impost des Cartes, Tarots & Dez, faicte à Maistre Pierre Villerme.

12 oct. 1635

LOVIS par la grace de Dieu Roy de France & de Nauarre. A tous ceux qui ces presentes Lettres verront; Salut. Sur les plaintes & remonstrances qui nous ont esté diuerses fois faites par aucuns de nos plus speciaux & notables seruiteurs: des grands scandales publics que les ieux de Cartes & de Dez apportent, causez principalement par les diuerses piperies, fraudes & deceptions, que la malice de ceux qui font profession ordinaire de ioüer, y ont introduict, les allans rechercher mesmes à la fabrique des Cartes & Dez, en les faisant falsifier, se seruant de l'auarice d'aucuns ouuriers qui y prestent la main, en accommodant les vnes plus longues, plus larges ou espoisses que les autres, aucunes marquées, licées, poncées & faites de diuers & differents papiers, & les Dez chargez inegaux, mal, & faussement marquez, pour surprendre la simplicité des ioüeurs, au grand preiudice du public; A quoy comme en toute autre chose concernant le bien de nos subjets, & pour faire cesser telles voyes, nous eussions bien desiré y remedier par la suppression & abolition entiere de toutes sortes de Cartes, Tarots & Dez, s'il ne nous eust esté remonstré qu'outte le grand nombre d'ouuriers & faiseurs de Cartes & Dez qu'il y a en nostre Royaume, qui tomberoient infailliblement dans la mandicité, n'ayant autre vaccation pour gagner leur vie; Qu'il ne seroit aussi raisonnable d'oster entieremẽt le plaisir & le contentement de ceux qui s'en seruent, plustost par diuertissement que par aucun desir de s'approprier le bien d'autruy: ioinct qu'il est tres-difficile, ou plustost impossible à present d'en abolir entierement l'vsage; pour raison dequoy, en attendant que nous puissions effectuer nostre intention; Auons estimé estre necessaire d'oster au moins vne bonne partie des fraudes, piperies & deception qui ont accoustumé de se practiquer esdits ieux, prouenans de la fabrique des Cartes, Tarots & Dez; & de plus, empescher les abus & tromperies que lesdits ouuriers commettent au debit de leurs Cartes & Dez, soit en les vendant, sans estre marquees & cachetees de nos Fermiers, au prejudice de nos droicts, ou en contrefaisant les marques, paraphes & cachets desdits Fermiers, & les mauuais ouuriers, les noms & les marques des bons, & aussi pouruoir d'vn moyen plus facile & asseuré pour la leuée de nos droicts, & qui oste la necessité de la frequente visite & recherche que nos Fermiers sont contraints de faire contre ceux qui vendent & debitent lesdites Cartes & Dez à nostre prejudice. Nous defendons à l'aduenir à tous Marchands, ouuriers & autres personnes que ce soit, de tenir en leurs boutiques & possession, ny faire aucuns Dez, qui ne soient incontinent mis en balles, & demies balles, & empaquetez dans les enueloppes qui leur seront baillées par comptes en chacun Bureau qui sera estably pour la perception de nos droicts, dont ils se chargeront enuers nosdits Fermiers ou leurs Cõmis, pour puis apres estre lesdits Dez ainsi enueloppez, marquez & cachetez, par nosdits Fermiers ou Cõmis, receuoir desdits ouuriers nos droicts à mesure qu'ils les vendront esdits Marchands, & autres personnes, en mesme temps qu'ils les retireront desdits Bureaux: Comme aussi defendons pareillement à tous ouuriers & façonniers de Cartes & Tarots, que du iour de la publication des presentes ils n'ayent plus à faire aucunes emprainctes & figures de Cartes & Tarots, & appliquer aucuns poincts & couleurs, soit pour estre debitez dedans que transportez dehors nostre Royaume, ny aucune marque de leurs noms & deuises sur les enueloppes d'icelles, ailleurs qu'en la maison & Bureau, qui sera pour ce estably par nosdits Fermiers, dans les villes & lieu où la fabrique des Cartes est seulement permise par nos Edicts, Declarations & Lettres Patentes du dernier May mil six cens trente-vn, que nous voulons estre executez de poinct en poinct selon leur forme & teneur: Et pour ce faire leur enioignons d'y porter sans delay, tous leurs moules, patrons & figures de Cartes & Tarots, tant vieux que nouueaux, ensemble leurs marques, couleurs & Imprimeures, sur peine de confiscatiõ desdites Cartes, Tarots, moulles, marques, patrons & Imprimeures, & mesme d'estre descheus de leurs maistrises, & de punition corporelle: & pour cet effect seront nosdits Fermiers tenus de leur fournir gratuitement de maison propre & conuenable, dans laquelle tous lesdits ouuriers de chacunes desdites villes, ayent vn lieu propre & commode pour trauailler & faire lesdites figures de Cartes & Tarots, y appliquer leurs couleurs & place, pour y tenir des armoires & autres choses necessaires fermans à clef, dont ils en auront vne clef, & nosdits Farmiers, ou leurs Commis, l'autre, dans lequel ils tiendront leurs moules, patrons, marques & Imprimeures; ensemble leurs couleurs, pinceaux & outils seruant à ce faire, sans qu'il leur soit permis de les transporter dehors, sans le consentement dudit Fermier, ny en tenir d'autres en leurs maisons, boutiques, ny ailleurs, sur les peines cy-dessus; ausquels ouuriers & faiseurs de Cartes auons laissé la liberté de faire coller & seicher leurs cartons dans leurs maisons, & y coupper, lisser & plier leurs Cartes & Tarots dans les enueloppes, dont le papier leur aura esté baillé gratis, & par compte, par nosdits Fermiers ou leurs Commis, sur lequel lesdits ouuriers pourront faire mettre leurs marques, noms & deuises, & seront tenus de s'en charger enuers nosdits Fermiers, par promesse de leur en tenir compte, pour incontinent apres auoir esté lesdites Cartes & Tarots, ainsi pliez & enuelopez dudit papier, estre portez ausdits bureaux, pour estre controollez, marquez ou cachetez par nosdits Fermiers ou Commis. Ce qu'estant fait pourront lesdits ouuriers les retirer desdits bureaux, & les vendre à qui, & ainsi qu'ils aduiseront, & en suite contrains d'en payer nos droicts, au fur & à mesure qu'ils les vendront & debiteront : Comme aussi faisons tres-expresses inhibitions & defenses à tous nos Iuges, Officiers & autres personnes, de quelque estat & condition qu'ils soient, de permettre, receller, ny souffrir trauailler aucuns ouuriers à faire des figures, poincts & couleurs à leursdites Cartes ailleurs qu'esdits bureaux, ou d'en auoir, tenir exposer en vente, ny au jeu aucunes, sans estre pliées & enueloppées dans le papier susdit, & maquées & paraphées par nosdits Fermiers ou Commis, à peine de cinq cens liures d'amende contre les proprietaires ou locataires des maisons, où l'on fera fabriquer lesdites Cartes, & de restitution desdits deniers qui auront esté perdus par le moyen des Cartes & Dez, non enueloppez & cacheptez, comme dit est, tant contre ceux qui les auront gagnez, que contre ceux qui les auront presentez pour ioüer : Et afin de tirer quelque commodité de cette Imposition que les feuz Roys nos predecesseurs (& particulierement le feu Roy Henry le Grand, nostre tres-honoré Seigneur & Pere) ont estably sur lesdites Cartes, Tarots & Dez, par leur Edict & Declaration du 23. May mil cinq cens quatre-vingts trois, & quatorziesme Ianuier, mil six cens cinq. Reglement & Arrests qui s'en sont ensuiuis, dont l'execution auroit esté surcise par Arrest de nostre Conseil, du neufiesme May mil six cens neuf, à cause des empeschemens & difficultez qui s'estoient rencontrez à l'establissement de ladite ferme. Ausquelles ayans remedié par autre Arrest de nostre Conseil, du vingt-deuxiesme Mars mil six cens vingt-deux, nous aurions leué ladite surseance; & en consequence de ce, fait Bail de la Ferme Generale de ladite Imposition à Maistre Iacques le

Duchat pour six années; & en suite à Maistre Anthoine Vallets pour neuf années, qui ont commencé au premier Ianuier mil six cens vingt neuf, moyennant le prix & somme de vingt mil liures par an, nonostant autre Arrest de surseance, du vingt-vn Octobre mil six cens vingt trois, donné sur la requeste des Maistres & Compagnons Cartiers de nostre ville de Lyon, que nous auons aussi leuée par nostre Arrest du sixiéme Fevrier mil six cens trente: & en tant que besoin seroit, leuons par ces presentes. Et d'autant que pour certaines considerations, nous aurions resolu de subroger à ce qui reste à executer du bail dudit Vallets, que nous auons reuoqué & reuoquons par cesdites presentes: comme pareillement ceux qu'il pourroit auoir fait à ses Sous-Fermiers, dequoy ils seront tenus de compter par estat en nostre Conseil, tant de leur recepte que despence: Et pour faire obseruer de poinct en poinct le cõtenu cy-dessus, pour ces raisons susdites, Maistre Pierre Villerme bourgeois de Paris, nous a offert de prendre ladite Ferme Generale des Cartes, Tarots, & Dez aux conditions cy-dessus, & autres cy-apres declarées, lesquelles ayant veuës & considerées en nostre Conseil, nous aurions fait publier & afficher aux lieux accoustumez sur les offres dudit Villerme (ce qui auroit esté fait, & ne s'estant trouué personne qui voulust faire nostre condition meilleure, ny surdite les offres dudit Villerme: SCAVOIR FAISONS, que de l'aduis de nostre Conseil, nous auons baillé, adjugé & deliuré, baillons, adjugeons & deliurons par ces presentes audit Villerme ladite Ferme de l'Imposition des quinze deniers tournois sur chacun jeu de Cartes, & balles & Dez, & deux sols six deniers sur chacun jeu de Tarots, mise sur lesdites Cartes, Tarots & Dez, par toute l'estenduë de cestuy nostre Royaume, Terre, & Seigneurie de nostre obeyssance, pour neuf années consecutiues, qui commenceront au premier iour d'Auril prochain, luy ayant en consideration des grands fraiz qu'il luy conuiendra supporter à l'establissement desdits Bureaux, accordé, remis, & quitté les deniers prouenans de ladite Imposition, iusques audit iour premier Auril, sans qu'il soit tenu de nous en payer aucune chose, moyennant le prix & somme de vingt mil liures par chacune desdites trois premieres années, & de trente mil liures par chacune des six suiuantes, qu'il payera par chacun quartier, esgallement, és mains du Tresorier de nostre Espargne, six sepmaines apres chacun quartier expiré, & à la charge de payer presentement à nostre Espargne, sur & tant moins du prix de la premiere annee dudit present bail, la somme de douze mil liures, & de bailler bonne & suffisante caution de la somme de dix mil liures au Greffe de nostre Conseil,

Conseil, auant qu'entrer en iouyssance de ladite ferme, & aux conditions cy apres declarées.

C'EST à sçauoir, que ledit Villerme iouyra de ladite Imposition, & de tous les deniers & esmolumens qui en prouiendront, suiuant nosdits Edicts, Declarations, Lettres patentes, & Reglement cy-deuant faits : comme aussi des deniers prouenans des amendes qui seront adiugées en consequence d'iceux sur ledit Impost, si aucuns en arriuent pendant le temps de son bail, sans qu'il soit tenu de nous en payer aucune chose.

Et en outre, iouyra ledit Villerme des trois deniers que nous entendons estre leuez cy-apres, sur chacun jeu de Cartes & Tarots qui se fabriqueront en l'estenduë de nostre Royaume, pour estre transportez és pays estranges, & ce en consideration dudit papier pour enuelopper chacun jeu de Cartes & Tarots, couleurs & peintures que ledit Villerme sera tenu de leur fournir gratuitement, afin d'esuiter aux abus qui se pourroient commettre en la reception de nos droicts, au lieu d'vn denier qui se leuoit par cy-deuant.

Novs ferons expedier & verifier purement & simplement en nos Cours des Aydes de Paris, Roüen, Montferrand, & autres lieux qu'il appartiendra, la presente Declaration.

Que les oppositions & empeschemens qui seront formez seront iugez en nostre Conseil des Finances, & non ailleurs, & seront cesser & leuer, sans que nos Cours, ny autres Iuges en puissent prendre cognoissance, & seront pour cet effect tous Arrests & expeditions necessaires deliurées audit Villerme, & permis, si bon luy semble, de mettre en chacun Bureau de nos Domaines & Vicomtez vn Commis pour la cõseruation des droicts de ladite Ferme, auec pouuoir de visiter, sonder, & faire faire ouuerture des tonneaux, caisses & ballots de marchandises en tous lieux & endroicts où besoin sera : & en outre voulons que les Edicts, Declarations, Reglemens, Lettres patentes & Arrests, tant de nostre Conseil, que Cour des Aydes, donnez en faueur de ladite Ferme, & des Fermiers, pour la conseruation des droicts d'icelle, & des clauses portées en icelle, ledit Villerme s'en puisse seruir & aider, ainsi qu'il aduisera bon estre, sans qu'il luy soit besoin d'obtenir d'autres expeditions que les susdites, en cas semblable, lesquelles dés à present nous auons validé & validons par ces presentes. COMME aussi nous voulons qu'il se serue des Reglemens & Ordonnances faites pour le regard de nos traictes foraines, & autres Fermes, pour empescher les abus qui se commettent, tant par les marchands, que par les voicturiers par eau & par terre, à l'enuoy & conduite des Marchandises, mesmes contre les recelleurs ou autres, qui prestent, ou pourroient prester leurs noms, marques & main forte, pour soustraire les droicts de ladite Ferme, comme si lesdits Reglemens faits auoient esté pour ladite Ferme des Cartes, Tarots & Dez; sur lesquelles, en tant que besoin seroit, voulons que toutes les expeditions necessaires en soient deliurées: Et à cet effet enjoignons à tous Maistres voituriers, ou autres conducteurs, tant par eau que par terre, de deliurer & faire voir, quand requis en seront, par luy ou ses Commis, tous leurs liures de Carquaison, Lettres de voitures & d'enuoy, lesquelles seront rendus à l'instant par ledit Fermier ou ses Commis, ausdits voituriers.

Que ledit Villerme ne sera tenu de payer le prix de ladite Ferme, qu'à compter du iour de l'establissement en chacun Bureau, lequel establissement il sera tenu de faire trois mois apres lesdites verifications, ou de rapporter dans ledit temps les procez verbaux en bonne forme des diligences qu'il aura faites, & des causes d'empeschemens: Et afin d'esclaircir à presenter qu'elle somme il aura à payer pour chacun Bureau, nous auons dés à present reglé & ordonné qu'il payera pour le Bureau de Paris, quatre mil liures, pour celuy de Toulouse quinze cens liures, de Thiers deux mil liures, de Limoges trois mil liures, de Roüen quatre mil liures, Troyes quinze cens liures, & Lion quatre mil liures; Et en cas de non-joüissant durant lesdites neuf années d'aucuns desdits Bureaux, & qu'il suruienne cause notable; comme de guerre, peste ou famine, au moyen desquelles rabais sera accordé audit Fermier; il se fera à proportion du temps, & sur le pied susdit des vingt mil liures des trois premieres années, & rente mil liures des six dernieres, qui seront regalées à proportion sur chacun Bureau.

AVONS permis audit Villerme, d'auoir & tenir dans chacun desdits Bureaux vne Imprimerie, pour seruir au fait de sa Ferme seulement, soit pour y faire figurer & marquer les enueloppes des Cartes, Tarots & Dez, de telle marque & caractere qu'il voudra, pour y imprimer les noms, armes & deuises des ouuriers sur les enueloppes d'icelles, sans qu'il puisse estre empesché à ce faire par les Maistres & Compagnons Imprimeurs, à cause de leurs priuileges, ou autrement. QVE nous n'entendons preiudicier audit Villerme, pour ce regard; Auec deffenses à tous Imprimeurs, ou autres, d'imprimer ny colorer à l'aduenir aucune chose pour le fait des Cartes, Tarots & Dez, soit pour les ouuriers, ou autrement, sans la permission dudit Fermier, à peine de cinq cens liures d'amende, confication desdites Imprimeures, de tous despens dommages & interests, & de punition corporelle, s'il y eschet.

QVE ledit Villerme sera tenu fornir à ses despens à chacun ouurier, & façonnier de Cartes, Tarots & Dez, tout le papier qui leur sera besoin pour enueloper chacun jeu de Cartes & Tarots qu'il feront, tant pour estre debité dedans que dehors le Royaume, en chacune balle & demie balles de Dez; emsemble les couleurs necessaires pour peindre les figures desdites Cartes & Tarots: & ce pour recompenser lesdits ouuriers de la despence qu'ils pourroient faire à porter & rapporter leurs Cartons, Cartes & Tarots ausdits Bureaux.

QVE ledit Villerme ne pourra estre depossedé pendant le susdit temps de son Bail, par doublement & tiercement, ou quelque autre occasion que ce soit, qu'au prealable il ne soit remboursé de la somme de douze mil liures qui luy seront reellement payez comptãt par le nouueau Fermier: & outre ce, encor remboursé de tous les frais & despens, que luy, ses associez ou Commis auront faits & soufferts à l'establissement de ladite ferme, suiuant l'estat qui en sera arresté au Conseil, & pour cet effect auons dés à present audit Villerme affecté & hypotecque le Bureau de Paris, pour son nantissement & seurté de ses aduances & remboursement de ses frais, iusques à l'actuelle remboursement d'iceux.

Que Maistre Anthoine Vallets cy deuant nommé, ny ses sousfermier ou autres, ne pourront pretendre aucun desdommagement à l'encontre dudit Villerme, pour raison du present Bail, duquel sa Majesté l'a deschargé & descharge dés à present.

Que ledit Villerme ny ses Associez ne seront tenus rendre compte aucun à la Chambre des Comptes ny ailleurs du maniment de sa ferme, sinon au Conseil, ny compris pour raison du present traité à aucune recherche qui pourroit estre faite en vertu d'Ordonnance de Chambre de Iustice ou Royalle qui pourroit estre establie cy-apres, ny taxez en consequence en quelque sorte & maniere que ce soit, dont ils demeurent dés à present deschargez.

PERMETTONS audit Villerme d'associer à icelle Ferme telles personnes que bon luy semblera, tant nobles qu'autres, sans qu'ils en puissent estre recherchez.

Comme aussi luy auons permis & à ses Associez ou commis qu'il employera aux affaires de ladite Ferme, de porter armes, ou bastons à feu, pour seureté de leurs personnes, sans qu'ils en puissent abuser, les ayant dispensez pour ce regard de la rigueur de nos Ordonnances.

PROMETTONS en bonne foy & parolle de Roy, auoir agréable, tenir ferme & stable le contenu au present Bail sans y contreuenir: SI DONNONS EN MANDEMENT à nos amez & feaux Conseillers les gens tenans nos Cours des Aydes & Tresoriers Generaux de France, & à tous autres nos Iusticiers & Officiers chacun en droict soy comme il appartiendra, ils ayent à faire registrer le contenu en icelles, garder & entretenir, iouyr & vser pleinement & paisiblement ledit Villermes, ses Procureurs, Commis & associez, cessans & faisans cesser tous troubles & empeschemens au contraire, nonobstant oppositions ou appellations quelsconques, & sans preiudice d'icelles, pour lesquelles ne voulons estre differé, & dont nous auons retenu & reserué la cognoissance à nous & à nostre Conseil, & icelle interdite & defenduë à toutes nos Cours & Iuges quelsconques. CAR tel est nostre plaisir. En tesmoin dequoi nous auons fait mettre nostre seel à cesdites presentes. DONNE' à Rüel, le 12 Octobre 1635. Et de nostre regne le 25. Signé par le Roy en son Conseil, Bordier. Et seellé du grand seau à double queuë de cire jaune.

EXTRAICT DES REGISTRES de la Cour des Aydes.

VEv par la Cour les Lettres Patentes en forme de Bail, donnée à Ruel le douziesme Octobre 1635. Signée par le Roy en son Conseil, BORDIER, & seellées, par lesquelles, & pour les causes y contenuës, sa Majesté auroit baillé & adiugé à Maistre Pierre Villerme bourgeois de Paris, la ferme de l'imposition de quinze deniers tournois sur chacun jeu de Cartes & balle de Dez; & deux sols six deniers tournois sur chacun jeu de Tarots mis sur lesdites Cartes, Tarots & Dez, par toute l'estenduë du Royaume, pour neuf années consecutiues, commençant au premier iour d'Auril prochain, luy ayant sadite Majesté, en considération des grands frais qu'il conuiendra supporter à l'establissement de ses Bureaux, accordé, remis & quitté les deniers prouenans de ladite imposition iusques audit premier ious d'Auril 1636. sans qu'il soit tenu d'en payer aucune chose, & ce moyennant le prix & somme de vingt mil liures par chacune

chacune des trois premieres années, & de trente mil liures par chacune des six dernieres suiuantes, qu'il payera par chacun quartier également és mains du Tresorier de l'Espargne, six semaines apres chacun quartier expiré; & à la charge de payer presentement à l'Espargne, sur & tant moins du prix de la premiere année dudit bail, la somme de douze mil liures, & de bailler bonne & suffisante caution de la somme de dix mil liures, auant qu'entrer en iouïssance de ladite ferme, suiuant & conformement aux clauses portées par iceluy. Arrest de ladite Cour du 21. Feurier 1636. par lequel auroit esté ordonné qu'auant proceder à la verification desdites Lettres & Bail, elles seroient cōmuniquées aux Maistres Iurez Cartiers de ceste ville de Paparis, pour y dire, trois iours apres ladite communication, ce que bon leur sembleroit; autrement & à faute de ce faire dans ledit temps, & iceluy passé il seroit passé outre ainsi que de raison. Acte signifié ausdits Maistres Cartiers, par lequel leur est baillé copie des pieces susdites, à ce qu'ils eussent à satisfaire audit Arrest. Requeste presentée à ladite Cour par lesdits Maistres Iurez Cartiers de cestedite ville de Paris le 10. Mars 1636. sur laquelle leur auroit esté donné acte de ce qu'ils offrent de mettre dans le Bureau dudit Villerme, & tenir sous leur clef les moules dont ils entendent se seruir pour faire les figures de leurs Cartes & Tarots, auec leurs marques dont ils se seruent pour imprimer les papiers des enueloppes, sans qu'ils en puissent retenir ny reseruer aucunes dans leurs maisons ou ailleurs; dans lequel Bureau ils iront faire les figures de leurs Cartes & enueloppes d'icelles, à condition qu'au lieu des couleurs & peintures que ledit Villerme est obligé leur fournir par son bail, il leur fournira & baillera gratuitement tout le papier qui leur sera necessaire pour faire les figures des Roys, Roynes, & Vallets de leurs Cartes, & les enueloppes d'icelles, tant de chacun ieu, que de chacun sizain, qui seront consommez dans l'estenduë du bureau de Paris; ce faisant, qu'ils ne pourront estre assujettis d'aller au bureau dudit Villerme, pour mettre & appliquer les poincts & couleurs de leurs Carte, ainsi qu'il est porte par ledit bail, & que ledit Villerme empeschera conformément à sondit bail, que les Cartes qui se fabriqueront dans l'estenduë des autres bureaux ne se vendent & distribuent dans l'estenduë de celuy de Paris, & qu'il n'en marquera, ny fera marquer aucunes audit bureau de Paris, qui n'y ayent esté fabriquées, & que ceux qui auront droict de luy; seront tenus de garder lesdites conditions. Accord passé entre Daniel Feuillette Procureur dudit de Villerme; Et les Maistres Cartiers de cette ville du 6. Mars audit an. Acte d'opposition des Maistres Gardes de la Mercerie, Grosserie & Ioüaillerie de cestedite ville de Paris du 4. dudit mois de Mars dernier, & signifié dudit Procureur General du Roy de ladite Cour, & au Procureur dudit Villerme, les 7. & 8. dudit mois de Mars. Requeste presentée à ladite Cour par ledit Villerme le 8. dudit mois de Mars audit an, sur laquelle auroit esté ordonné que lesd. Maistres & Gardes bailleroient leurs causes d'opposition dãs le Lundy ensuiuant, autrement qu'il seroit fait droict sur lad. Requeste, signifiée ledit iour, & à eux baillé copie des susdites pieces. Autre Requeste presentée à ladite Cour par lesdits Maistres & Gardes de la marchandise, mercerie, grosserie & joüaillerie: Sur laquelle leur auroit esté donné acte de ce que pour causes d'opposition ils employoient le contenu d'icelle. Et conclud à ce qu'ayant égard à leur opposition, ledit bail, soit verifié, à la charge, & sans preiudice de l'instance pendante en la Cour entre lesdites parties, signifiee & mise au sac, de l'ordõnance d'icelle, auec signification faite au Procureur dudit Villerme le 10. Mars ensuiuant. Conclusions du Procureur General du Roy: Et tout consideré. LA COVR a ordonné & ordonne que les parties feront diligence de faire iuger dans trois mois l'instance pendante en icelle. Et cependant que lesdites Lettres du dernier May mil six cens trente-vn, dernier Decembre mil six cens trente-cinq; Ensemble lesd. lettres en forme de bail, du 12. Octobre audit an 1635. seront registrées au Greffe d'icelle, pour iouyr par l'Impetrant du contenu en icelles, sans qu'il puisse, conformément à l'acte d'accord passé par lesdits Maistres Iurez Cartiers, iceux obliger d'aller mettre les poincts & couleurs de leursdites Cartes en son Bureau, dont ils demeureront dispensez, à la charge de mettre audit Bureau, suiuant le consentement par eux presté, & de tenir sous leur clef les moules dõt ils entendent se seruir pour faire les figures de leurs Cartes & Tarots seulement, auec les marques dont ils se seruent pour imprimer les papiers des enueloppes de leurs Cartes, sans qu'ils en puissent auoir d'autres en leurs maisons, ny ailleurs, pour s'en seruir; dãs lequel bureau ils seront tenus d'y venir faire les figures de leurs Cartes & enueloppes d'icelles. Et ce faisant, ledit Villerme leur fournira & baillera gratuitement tout le papier qui leur sera necessaire pour faire les figures des Roys, Roynes, & Vallets de leurs Cartes, & les enueloppes d'icelles, tãt pour chacun jeu, que pour chacun sizain de Cartes qui seront consommez dans l'estenduë du Bureau de Paris. Et aussi d'empescher par ledit Villerme, que les Cartes qui se fabriqueront dans l'étenduë des autres Bureaux, ne se vẽdent

& distribuent dans celuy de Paris, ou d'en marquer & faire marquer d'autres par ceux qui auront droict de luy, pendant le temps de sondit bail, A fait aussi inhibitions & defenses audit Villerme de leuer les trois deniers contenus au 2. article dudit bail pour les enueloppes, papiers, façons, peintures, marques & caracteres desdits jeux de cartes, sur peine de concussion, ains seulement vn denier, conformément au Reglement du dernier Iuin 1607. & Arrest de verification interuenu sur iceluy, sans que ledit de Villerme puisse exiger lesdits droicts, sinon sur les cartes qui auront esté actuellement venduës, & que les amandes prouenans des contrauentions audit Bail, seront arbitrées selon la qualité & circonstance du delit, & conformément aux Edicts & Arrest de verification de la Cour. A fait aussi inhibitions & defenses audit Villerme de visiter, sonder, & faire faire ouuerture des tonneaux, quaisses & ballots de marchandises, mais luy a permis & permet d'auoir vn commis au Bureau des Traites foraines, pour assister à l'ouuerture des coffres, tonneaux, quaisse & balles de marchandises, & voir s'il y auroit dedans iceux des cartes, dez ou tarots, afin de s'en faire payer le droict. Ordonne en outre ladite Cour, que tous les differens, en execution du present Bail & Lettres, seront iugez & terminez en premiere instance pardeuant les Esleuz, & par appel en la Cour. A fait ladite Cour inhibitions & deffences audit Villerme, de faire imprimer lesdites Lettres & present Bail, sinon conjoinctement auec le present Arrest de verification, & ce par l'vn des Imprimeurs du Roy, & non par autres, à peine de deux cens liures d'amende, conformément aux Lettres Patentes obtenuës par lesdits Imprimeurs, verifiées en ladite Cour. Prononcé le quatriéme iour d'Avril mil six cens trente six. Signé, BOVCHER.

EXTRAICT DES REGISTRES des Requestes Ordinaires de l'Hostel du Roy.

SVR le rapport fait par le sieur Commissaire à ce deputé de son procez verbal du 25. Ianuier 1639. contenant les comparitions, demandes & requisitions, & contestations d'entre Claude Mougenot, Fermier general de l'imposition des cartes, tarots & dez, en l'estenduë de ce Royaume, demandeur en requeste du 21. Ianuier 1639. d'vne part, & Louys Pelle & Claude Vausselin Maistres Iurez Cartiers de ceste ville, tant pour eux que pour la communauté des Maistres Cartiers d'autre, & encores entre les Maistres & Gardes de la Mercerie, & les Maistres Iurez Chandeliers de ceste ville de Paris, deffendeurs & défaillans. VEV par les Maistres des Requestes ordinaires de l'Hostel du Roy, Iuges souuerains en ceste partie, assemblez au nombre de sept en leur Auditoire du Palais à Paris, l'Edict & Declaration du Roy sur les cartes, tarots & dez du 14. Ianuiers 1635. Plusieurs Arrests de reglemens interuenus en consequence. Autre Declaration du Roy en formes de bail de lad. ferme generale de l'impost des cartes, tarots & dez, faite à Maistre Pierre Villerme du 12. Octobre 1635. Arrest du Conseil d'Estat du Roy du dernier Avril 1638. par lequel bail est fait audit Mougenot de ladite imposition des cartes, tarots & dez, aux mesmes conditions que le bail fait audit Villerme. Autre Arrest dudit Conseil interuenu entre ledit de Villerme, & les Maistres & Gardes de la Marchandise de Mercerie, Grosserie & Ioüaillerie de Paris, & les Maistres Iurez Cartiers de ladite ville e 23. Iuillet 1637. Quatre diuerses sommations faites à la requeste dud. Mougenot les 31. Iuillet, 2. 5. & 6. Aoust 1638. Autre Arrest du Conseil du 27. Septembre ensuiuant : Requeste par ledit Mougenot presentée au sieur Foullé, l'vn desdits Maistres des Requestes Commissaires à ce deputé par sa Majesté, pour l'execution de son Edict concernant l'imposition des cartes, tarots & dez de ce Royaume le 21. Ianuier 1639 à ce qu'il soit ordonné que dans trois iours pour tout delay, lesdits

Iurez Cartiers, Merciers & Chandeliers de ceste ville de Paris rapporteront au bureau dudit Mougenot, toutes les cartes qui sont en leur possession, de quelques marques qu'elles puissent estre, pour estre icelles remarquées par les Commis à present establis audit bureau, & estre le droict d'icelles acquittées; autrement ou à faute de ce faire dans ledit temps, & iceluy passé qu'elles seront acquises & confisquées audit Maugenot, & lesdits Cartiers, Merciers & Chandeliers condamnez en trois cens liures d'amande, & outre qu'ils seront tenus à present porter audit Bureau toutes les cartes non marquées, pour estre le droict acquitté, & estre icelles marquées & controllées par le Commis dudit Mougenot, dont la marque auoit esté mise par deuers le Greffier de ladite commission, pour estre recogneuë par lesdits Cartiers, Merciers & Chandeliers, si bon leur sembloit, & auoir recours quand besoit seroit; Ensemble que deffences leur fussent faites sur les mesmes peines de trois cens liures d'amandes, de vendre ny debiter aucunes cartes, tarots & dez sans estre marquez de ladite marque, sans esperance d'auoir diminution de ladite amande contre les contreuenans: Au bas de laquelle requeste est l'ordonnance dudit Commissaire, exploict d'assignations données en consequence ausdits Maistres Chandeliers, Merciers & Cartiers pardeuant ledit Commissaire dés 24. & 25. Ianuiers 1639. Sommation à eux faites à la requeste dudit Fermier lés 28. & 29. dudit mois de Ianuier. Procez verbal dudit sieur Foulé Commissaire à ce deputé du 25. dudit mois, contenant les comparitions, dires & contestations desdits Mougenot & Iurez Cartiers, au bas duquel est l'ordonnance dudit Commissaire, par laquelle est ordonné que les parties mettroient dans trois iours, sans autre forclusion ne signification de requeste pardeuers luy, ledit procez verbal, & tout ce que bon leur sembleroit, pour à son rapport ausdites requestes de l'Hostel leur estre faict droict, & declarer ledit appointement commun auec les défaillans: Exploicts de signification faite dudit procez verbal du 12. Février 1639. contenant l'appel dudit appointement de la part desdits Merciers, tout consideré. LESDITS MAISTRES DES REQVESTES sans s'arrester audit appel desdits Maistres & Grdes de la Mercerie de Paris; Ont ordonné & ordonnent que dans trois iours pour toutes prefixions & delais, lesdits Merciers, Cartiers, Chandeliers, & autres faisant trafic de cartes, tarots & dez: Rapporteront au Bureau dudit Fermier toutes les cartes, tarots & dez qu'ils ont en leur possession, de quelque marques ancienne, nouuelle, fausse ou veritable qu'elles puissent estre, pour estre icelles remarquées par les commis dudit Fermier à present establis audit Bureau de la Marque, dont il entend se seruir, & de laquelle sera deliuré coppie à chacun desdits Merciers, Cartiers & Chandeliers, cy fait n'a esté, & le droict d'icelles acquitté: Sçauoir, huict deniers de toutes les cartes, tarots & dez, qui se trouueront marquées des marques du precedent Fermier, soit que lesdites marques soient fausses ou veritables, & pour celles qui se trouueront marquées par les Commis dudit Mouginot de la marque veritable, feront lesdites cartes, tarots & dez, remarquez gratuitement par les Commis dudit Fermier Autrement & à faute de ce faire & ledit temps passé, lesdites cartes, tarots & dez qui n'auront esté remarquez, sont dés à present declarées acquises & confisquées audit Fermier, & lesdits Cartiers, Merciers, Chandeliers & autres qui les auront retenuës condamnez en trois cens liures d'amende, sans esperance de moderation conformément audit Arrest du Conseil. Faisant tres expresse & iteratiues deffences ausdits Cartiers, Merciers, Chandeliers & autres, de vendre ny debiter aucun jeu de cartes, tarots & dez, qu'ils ne soient portez au Bureau dudit Fermier, marquez par ses Commis, & du droict d'icelles entierement acquitté, sur les peines portées par les Edits du Roy & Arrest de son Conseil, & à toutes personnes de quelle qualité qu'elles soient d'en achepter qu'elles ne soient marquées comme dessus, sur les mesmes peines: Enjoignant au surplus audit Mouginot de garder & obseruer de point en point les clauses & conditions portées par lesdits Edicts, Declarations, bail a luy fait, Reglemens & Arrests faits en consequence: Auquel pareillement deffences sont faites de faire aucunes recherche pour raison des contrauentions faites audit bail iusques à present contre ceux desdits Merciers, Cartiers & Chandeliers qui auront satisfait au present Arrest, à peine de de tous despens, dommages & interests. Faict à Paris esdites Requestes de l'Hostel le dix-neufiéme iour de Fevrier mil six cens trente-neuf. Signé, BERTHAVLT.

EXTRAICT

EXTRAICT DES REGISTRES du Conseil d'Estat.

SVr ce qui a esté representé au Roy en son Conseil; Qu'encores que la ferme de l'Imposition des cartes & dez de ce Royaume ait esté plusieurs fois baillée à diuers particuliers depuis l'année mil six cens sept iusques à present. Sçauoir, maistres Iean Bardin, Iean Duchat, Pierre Valles, Pierre Villerme, & Claude Mougenot, pour vn prix assez modique, Neantmoins lesdits Fermiers n'ont payez aucune chose de leurs baux, tant parce qu'ils n'auoient pas le moyen de faire les frais & aduances necessaires pour faire les establissemens de ladite Ferme, que parce que lesdits Fermiers n'auoient fourny aucunes cautions; mesmes que ledit Mougenot qui tient à present ladite Ferme, auquel elle a esté baillée dés le mois d'Avril de l'année mil six cens trente-huict, n'a encores payé aucune chose du prix d'icelle, ny ne payeroit cy-apres, n'ayant donné aucune caution, estant personne incognuë, sous le nom de laquelle quelques particuliers iouyssent d'icelle sans en tenir aucun compte à sa Majesté. Et sur ce que maistre Nicolas Preuost Bourgeois de Paris auroit offert, que s'il plaisoit à sadite Majesté de le subroger au lieu & place dudit Mougenot pour neuf années consecutiues, qui commenceront au premier iour de Ianuier mil six cens quarante, & finiront à pareil iour mil six cens quarante-neuf, pour iouyr pendant ledit temps de l'Imposition de quinze deniers qui doiuent estre leuez sur chacun jeu de carte & balle de dez, & des deux sols six deniers sur chacun jeu de tarots, qui sont & seront fabriquez dans le Royaume, sans que ledit Preuost soit tenu de fournir aucunes enueloppes ny couleurs; Ensemble de toutes les autres clauses & conditions portées par le bail dudit Villerme du douze Octobre mil six cens trente-cinq, auquel ledit Mougenot auoit esté subrogé par Arrest du Conseil du dernier Avril mil six cens trente-huict, & qu'il ne puisse estre depossedé, soit par tiercemens ou doublemens pendans ledit temps de neuf années, qu'en luy payant la somme de dix mil liures comptant, & tous les fraiz dont il se trouuera estre en aduance pour l'establissement de ladite Ferme. Ledit Preuost feroit valoir à sadite Majesté ladite Ferme par chacun an la somme de vingt-quatre mil liures, en luy ceddant, quittant & remettant tout ce qui se trouuera estre deub par ledit Mougenot ou ses Soubs-fermiers; qu'il pourra contraindre d'en vuider leurs mains depuis ledit premier Ianuier mil six cens quarante, nonobstant tous empeschemens: Bailleroit bonne & suffisante caution, & moyennant la paisible iouyssance, payeroit ladite somme de vingt-quatre mil liures par les quatre quartiers de chacune année esgalement, & six sepmaines apres chacun d'iceux escheu. VEV lesdites offres, ledit bail dudit Villerme du 12. Octobre mil six cens trente cinq, l'Arrest de subrogation audit bail en faueur dudit Mougenot du dernier Avril mil six cens trente huict, & autres Declarations, Arrests & Reglemens faits pour ladite Imposition de cartes, tarots & dez. LE ROY EN SON CONSEIL, ayant trouué lesdites offres auantageuses, qu'il a acceptées & accepte, A reuoqué & reuoque ledit Arrest du Conseil du dernier Avril 1638. portant subrogation de ladite Ferme en faueur dudit Mougenot, & a subrogé & subroge en son lieu & place led. Nicolas Preuost audit bail dudit Villerme du 12. Octobre 1635. pour iouyr par ledit Preuost pendant lesd. neuf années consecutiues, qui commenceront au 1. iour de Ianuier 1640. & finiront à pareil iour 1649. de lad. Imposition de quinze deniers sur chacun jeu de cartes & balles de dez, & deux sols six deniers sur chacun jeu de Tarotz qui sont & seront fabriquez dans le Royaume, sans qu'il soit tenu de fournir aucunes enueloppes ny couleurs, pour lesquelles il estoit permis par le bail dudit Mougenot de leuer trois deniers, lesquels n'auront lieu pendant le cours du present bail, & au surplus de toutes les autres clauses & conditions portées par le bail dudit Villerme. ORDONNE SADITE MAIESTE', Que led. Preuost ne pourra estre depossedé de la presente subrogation à ladite Ferme, soit par doublemens, tiercemens ou autrement, pour quelque cause que ce soit, qu'en luy payant comptant la somme de dix mil liures: Ensemble tous les fraiz qu'il se trouuera auoir aduancé pour l'establissement de ladite Ferme. Et pour luy donner d'autant plus de moyens de supporter iceux, & en consideration de ce qu'il fait valoir lad. Ferme dés le 1. Ianuier 1640. SADITE MAIESTE' luy a quitté & remis tous & chacuns les deniers qui se trouueront estre deubs par led. Mougenot ou ses Soubs-fermiers, depuis le 1. Ianuier dernier, ſans qu'il ſoit tenu d'en payer aucune choſe, ny d'en compter, leſquels ledit Preuoſt pourra contraindre d'en vuider leurs mains, nonobſtant toutes ſaiſies & arreſts qui pourroient auoir eſté faits, comme pour les propres deniers & affaires du Roy, moyennant quoy & la paiſible iouyſſance de ladite Ferme, ledit Preuoſt ſera tenu de payer à l'Eſpargne lad. ſomme de vingt-quatre mil liu. par chacune deſdites neuf années pour le prix d'icelle, & ce par les quatre quartiers eſgalement, & ſix ſepmaines apres chacun d'iceux eſcheu, & de ce baillera bonne & ſuffiſante caution pour vn quartier de ladite Ferme, dont il en remettra l'acte au Greffe du Conſeil. Et ſera le preſent Arreſt executé par les Intendans des Prouinces, premier Maiſtre des Requeſtes de l'Hoſtel, ou autres Iuges requis, ſans qu'il ſoit beſoin d'autres Commiſſions particulieres à eux addreſſantes, ny ledit Preuoſt tenu d'en requerir l'enregiſtrement en aucunes Cours, auxquelles ſa Maieſté fait defences de rien ordonner contre la teneur d'iceluy, & ce nonobſtant tous Edicts, Declarations, Arreſts & Reglemens à ce contraire, auſquels ſa Maieſté, en tant que beſoin ſeroit, a derogé & deroge, meſmes à la derogatoire des derogatoires, oppoſitions ou appellations quelconques, deſquelles ſi aucunes interuiennent, Sadite Maieſté s'en eſt reſeruée la connoiſſance, & icelle interdite à tous autres Iuges. Fait au Conſeil d'eſtat du Roy, tenu à Paris le cinquieſme iour d'Avril mil ſix cens quarante. Signé, DE BOVRDEAVX.

EXTRAICT DES REGISTRES du Conseil d'Estat.

ENTRE Nicolas Preuost, Fermier general de l'Imposition des Cartes, Tarots & Dez, dans l'estenduë de ce Royaume: Prenant le faict & cause pour Claude Pescheur son commis, demandeur en execution du Bail à luy fait par Arrest du Conseil du 6. Avril dernier: Et suiuant le renuoy fait au Conseil par le sieur de Paris, Conseiller du Roy en ses Conseils d'Estat & Priué, & Intendant de la Iustice, Police, & Finance en Normandie, du dernier Iuillet audit an, en 1640. d'vne part: Et les Maistres Cartiers de la ville de Rouën, deffendeurs d'autre part: Et Charles Carré Fermier General des droicts de Marque, Controolle & visite des Papiers de ce Royaume. VEV PAR LE ROY EN SON CONSEIL, l'Arrest de son Conseil d'Eat du 5. Avril en faueur de Bail fait audit demandeur de ladite Ferme: Par lequel entr'autres choses sa Majesté luy accorde la iouyssance de quinze deniers sur chacun jeu de cartes, qui sont & seront fabriquez dans le Royaume moyennant le prix de 24000. liures, qu'il s'est obligé de payer à sa Majesté de quartier en quartier, à commencer du premier Ianuier dernier: Et en consideration de ce qu'il fait valoir ladite Ferme dés ledit iour. Premier Ianuier sa Majesté luy a remis & quitte tout ce qui pouuoit estre deu à Maistre Claude Montgenot, cy-deuant Fermier de ladite Imposition & à ses sous Fermiers, depuis ledit iour. Requeste presentée au Conseil par ledit demandeur, pour estre reçeu partie interuenante au procez d'entre ledit Montgenot & lesdits deffendeurs; Au bas de laquelle en l'Ordonnance du Conseil, par lequel il est reçeu partie interuenante au procez du 10 May dernier, moyens d'interuention dudit demandeur: A ce qu'il pleust à sa Majesté, conformémēt audit Arrest du 5. Avril dernier, portant qu'il sera payé de tout ce qui est deu audit Montgenot ou à sous Fermiers, depuis ledit mois de Ianuier, condamner lesdits Maistres Iurez Cartiers ses debiteurs, à luy payer la somme de 10000. liures solidairement & par corps, pour ledit temps iusques à present, que les Maistres Cartiers ont reçeu les droicts du Roy du Roy concernans ladite Ferme, & en tous les despens dudit Preuost signifié à leur Aduocat le 26. dudit mois de May. Exploict de signification dudit Arrest du 6. Avril, fait à la requeste dudit demandeur ausdits deffendeurs, auec commandement de porter ou enuoyer toutes les cartes qu'ils ont en leur possession, en son Bureau audit Roüen, pour y estre marquez: Et payer les droicts sur les peines portées par ledit Arrest du 22. Iuin ensuiuant. Arrest du Conseil donné contraditoirement entre lesdits Maistres Cartiers de ladite ville de Rouën, demandeurs en Requeste du 20. Aoust 1639. d'vne part, & ledit Montgenot & ledit deffendeur d'autre part: Maistre Michel Fleury commis audit Bureau, pour la perception desdits droicts demandeur en Requeste du 21. Ianuier. Lesdits Maistres Cartiers deffendeurs en ladite Requeste d'autre, & ledit Preuost interuenant d'autre. Par lequel sa majesté sans s'arrester à la Requeste desdits maistres Cartiers de Rouën; Ordonne que le iugement rendu par le sieur Foulé, du 1. Iuin 1638. Et Arrest du Conseil du 2. Iuillet audit an, seront executez selon la forme & teneur. Ce faisant lesdits Cartiers condamnez à payer audit Montgenot, ledit droict depuis le iour du restablissement dudit Bureau du 23. Iuin audit an 1640. Coppie collationnée de quittance du Tresorier de l'Espargne, de la somme de 6000. liures par luy receuës dudit Preuost, pour le second quartier de ladite Ferme du 27. Iuillet dernier. Exploict d'iteratif commandement fait à Pierre de Lespine vn desdits deffendeurs à la requeste dudit demandeur, en vertu du susdit Arrest du 5. Avril, d'enuoyer audit Bureau toutes les cartes qui sont en leur possession, pour y estre marquées & payer ledit droict contenant l'oposition dudit de Lespine à l'enleuement desdites cartes, du 11. Iuillet dernier. Procez verbal dudit sieur de Paris du dernier dudit mois de Iuillet, contenant l'oposition desdits deffendeurs tendant à ce que deffences soient faites audit Preuost ou ses commis, de les plus inquieter, pour raison dudit droict sur les cartes pour les païs Estrangers: Et iceluy Preuost condamné en tous leurs despens, dommages & interests; Et deffences à tous Huissier de les y contraindre, au bas duquel est l'Ordonnance dudit sieur de Paris, portant renuoy des parties au Conseil pour estre fait droict sur leurs contestations & oppositions. Iugement dudit sieur de Paris rendu entre lesdites parties du troisiéme Aoust ensuiuant, portant que le precedent seroit executé: Et cependant deffences audit Preuost ou ses Commis, de leuer ledit droict sur lesdites cartes eſtrangeres, iuſques à ce qu'autrement par ſa Majeſté en aye eſté ordonné: Et que les cartes de ceſte qualité ſeront renduës & reſtituées ſans aucun frais: Ordonnance du ſieur Foulé Conſeiller à ce deputé du 1. Iuin 1639. portant reglement pour la perception des droicts ſur les cartes, tarots, & dez en ladite ville de Rouën: Accord du 3. dudit mois fait entre leſdits Cartiers en conſequence de ladite Ordonnance: Arreſt du Conſeil du 2. Iuillet audit an 1639. portant confirmation de ladite Ordonnance, Declaration & Arreſt dudit Conſeil, conſernant l'impoſition ſur les cartes, portant que les cartes qui ſe feront pour eſtre tranſportez hors de ce Royaume, ſeront exemptes de ladite impoſition, du 14. Ianuier 1605. dernier Iuin 1607. & 12. Octobre 1636. Reſponſe dudit Montgenot à la requeſte des deffendeurs du 26. Aouſt enſuiuant. Appointement de Reglement pris entre les parties en la preſente Inſtance du 6. du preſent mois: Aduertiſſement, Eſcritures & Productions deſdites parties; Requeſte preſentée au Conſeil par ledit Carré à ce qu'il fuſt receu partie interuenante en ladite Inſtance. Et ce faiſant ſans aucun égard à l'Arreſt du 13. Iuillet dernier, recogneu ladite Impoſition ſur les cartes, & luy donner acte de ce que pour tous moyens d'interuẽtions, il employe le contenu en ladite Requeſte: Ordonnance du Conſeil eſtant au bas de ladite Requeſte, par laquelle il eſt receu partie interuenante en la preſente Inſtance, & acte de l'employ ſans retardation du iugement d'icelle du 27. Septembre dernier, ſignifié aux Aduocats deſdits demandeurs & deffendeurs du 27. enſuiuant. Procez verbal de viſite faite par les commis dudit Carré, & moulins à papier de ladite prouince de Normandie du 27. Iuin & autres iours ſuiuans 1640. Et tout ce qui a eſté mis, eſcrit & produit par deuers le ſieur Amelot de Beau-Lieu, Commiſſaire à ce deputé, qui en a communiqué auec le ſieur du Tubeuf Intendant, Conſeiller General des Finances, ſuiuant l'Ordonnance du Conſeil eſtant au bas de ladite Requeſte preſentée en iceluy par ledit Preuoſt, ouy leur rapport. Tout veu & conſideré; LE ROY EN SON CONSEIL, faiſant droict ſur l'inſtance ſuiuant, & conformément à l'Edict du 14. Ianuier 1605. A ORDONNÉ ET ORDONNE, que les cartes qui ſe feront ou vendront pour eſtre tranſportez aux eſtrangers, ſeront contreſcellées, & marquées ſur la douzaine, ſcellée & paraphée par le Receueur ou ſon Commis, ſur chacun pacquet d'vn Sceau different à celuy qui ſera appoſé ſur celles qui ſe vendront en France, dont ſera fait bon & fidel Regiſtre, à chacun deſdits paquets de douze jeux eſtant ſcellée & paraphée, & contre ſcellée pour cét effet, payera douze deniers Pariſis, & neantmoins ſans deſpens. Fait au Conſeil d'Eſtat du Roy, tenu à Paris le cinquiéme iour de Decembre mil ſix cens quarante.

Signé, LE RAGOIS.

LOVIS, par la grace de Dieu, Roy de France & de Nauarre: Au premier des Huiſſiers de noſtre Conſeil ou autres Huiſſiers ou Sergens ſur ce requis: NOVS te mandons & commandons que l'Arreſt, dont l'Extrict eſt cy-attaché ſous le contre Scel de noſtre Chancelerie: ce iourd'huy donné en noſtre Conſeil d'Eſtat, entre Nicolas Preuoſt, Fermier General de l'Impoſition des cartes, tarots & dez, dans l'eſtenduë de ce Royaume: prenant le fait & cauſe pour Claude Peſcheur ſon Commis demandeur d'vne part; & les Maiſtres Cartiers de la ville de Rouën deffendeurs, & Charles Carré, Fermier General des droicts de marque, controle & viſite de papier de ce Royaume d'autre: Tu ſignifie à tous qu'il appartiendra, à ce qu'ils n'en pretendent cauſe d'ignorance, & pour l'execution d'iceluy à la

Tous commandemens, Sommations, deffences & autres actes & Exploicts neceſſaires ſans demander autre permiſſion: Nonobſtant clameur de Haro, chaſtre Normande, priſe à partie, & lettres au contraires: Et ſera adiouſté foy, comme aux originaux, aux coppies, Arreſts, & des preſentes collationnées par l'vn de nos Amez & Feaux Conſeillers & Secretaires: Car tel eſt noſtre plaiſir. Donné à Paris le 5. iour de Decembre, l'an de grace 1640. Et de noſtre regne le trente-vnieſme. Signé par le Roy en ſon Conſeil: LE RAGOIS, & ſcellé du grand Sceau de cire jaune ſur ſimple queuë.

Collationné à l'Original par moy Conſeiller Secretaire du Roy & de ſes finances.

Extraict des Regiſtres du Conſeil d'Eſtat.

SVR les Requeſtes reſpectiuement preſentées au Roy en ſon Conſeil, l'vne par François & Pierre de Laiſtre, Iacques Vieuille, Laurens Damiens, Pierre Pellé, Robert Damien, Pierre Teſtel, Claude Vauſſelin, Nicolas Robert, Leonnard Follet & autres

Maiſtres Iurez Cartiers de cartes, tarots & dez de cette ville de Paris, & l'autre par Hillaire Mathieu proprietaire de la Marque & Controolle deſdites cartes, dez & tarots dans l'enduë de ce Royaume., celle deſdits de Laiſtres & conſort : contenant entr'autres choſes qu'ils ſont iournellement pourſuiuis & inquietez par les Fermiers des droicts de controolle deſdites cartes, tarots & dez qui veulent faire payer aux Supplians le droict de Marque deſdites cartes, leſquelles ils pretendent marquer autant de fois que leſdits Fermiers changent de Commis, ou que ladite Ferme change de Fermier. Requeroient partant qu'il pleuſt à ſadite Majeſté receuoir les Supplians oppoſans à l'execution des Arreſts dudit Conſeil du dix huictieſme Nouembre dernier donnez ſur deux diuerſes Requeſtes preſentées par ledit Mathieu, par le premier deſquels ſadite Majeſté éuoque l'inſtance pendante aux Requeſtes de l'Hoſtel. Ordonne que ledit pretendu contract dudit Mathieu ſera executé : Et par le ſecond deſdits Arreſts, il eſt dit qu'il ſera informé de la fauſſeté des marques miſes ſur leſdites cartes : Que leſdites cartes, tarots & dez ſeront remarquez de la marque dudit Mathieu, lequel ſera payé de ſes droicts : Et faiſant droict ſur l'oppoſition deſdits de Laiſtre & conſors, & donnant vn Reglement certain general pour leſdites cartes, tarots & dez ; Ordonner que leſdits Fermiers, meſmeſme ledit Mathieu ſeront tenus de remarquer les cartes gratis ou les laiſſer ſans remarquer, & ce faiſant quelles pourront eſtre venduës : Au bas de laquelle Requeſte ſont pluſieurs articles concernans ledit Reglement. Requeroient encores leſdits de Laiſtre & conſors qu'en cas d'oppoſition ou conteſtations ſur ce que deſſus, que les parties procederont pardeuant l'vn des Sieurs Conſeillers és Conſeils de ſadite Majeſté, Maiſtre des Requeſtes ordinaire de ſon Hoſtel, qu'il plaira à ſadite Majeſté commettre & deputer, pour à ſon rapport eſtre le tout iugé ſouuerainement eſdites Requeſtes de l'Hoſtel, où en telle autre Cour qu'il plaira a ſadite Majeſté, ou pour ſur ce ouys & regler les parties ordonner que leurdite Requſte ſera communiqué audit Mathieu, & à Maiſtre Louys Guillot ſon Auocat, pour eſtre ſommairement ouys & reglez pardeuant l'vn deſdits ſieurs Maiſtre des Requeſtes ainſi que de raiſon, & cependant faire deffences d'executer aucune contrainte allencontre deſdits de Laiſtre & conſors, & celle dudit Mathieu tendante à ce qu'attendu que

que lesdits Maistres Cartiers de cettedite ville employent toutes sortes d'artifices pour rendre son contract d'aquisition invtil & infructueux, ayans esté par luy poursuiuis pour apporter en son Bureau toutes lesdites Cartes, Dez & Tarots, pour estre marqeez & luy payer ledit droit, conformement aux Edits d'Imposition d'iceluy, & Arrests donnez en consequence, que lesdits Maistres Cartiers ont falcifié la marque des precedens Fermiers, & s'en sont seruis pour marquer toutes leursdites Cartes & les apportent ainsi marquées de ladite faulce marque au Bureau dudit Mathieu, pretendant par ce moyen s'exempter de luy payer ledit droict.

POVR ces causes, REQVEROIT aussi ledit Mathieu, qu'il plust à sadite Maiesté y donner vn Reglement conformement aux Articles énoncez en sadite Requeste.

VEV lesdites Requestes signées de la Fosse & de Guillot Avocats audit Conseil, au bas de laquelle Requeste desdits de Laistre & consorts est l'ordonnance du Conseil du 24 du mois de Nouembre dernier, portant qu'elle seroit communiquée audit Mathieu, pour sa responce veuë estre ordonné ce que de raison : signification d'icelle faite audit Mathieu & audit Me Loüis Guillot son Avocat le 26 du mesme mois, Sommation faite à la requeste desdits de Laistre & conforts audit Mathieu le 27 dudit mois de Nouembre, afin de bailler sa responce à leurdite Requeste, & autres pieces attachées à icelles : Oüy le rapport du sieur d'Herbelay Conseiller audit Conseil, Me des Requestes ordinaire de l'Hostel, Commissaire à ce deputé, Et tout consideré.

LE ROY EN SON CONSEIL, A Ordonné & Ordonne, que les marques desquelles se sont seruis les precedens Fermiers demeureront nulles & de nul effect & valleur, auec deffences à toutes personnes de s'en seruir, ny vendre & debiter aucunes Cartes, Dez ou Tarots marquez d'icelles si elles ne sont contremarquées dudit Mathieu ou de ses Commis.

ET pour cét effect les precedens Fermiers, ensemble ceux qui s'en trouueront chargez seront tenus representer les moulles, caracteres ou empreintes desquels ils ont cy-deuant marqué lesdites Cartes, Dez ou Tarots pardevant l'executeur du present Arrest, pour estre iceux cassez, rompus & suprimez, & ce trois iours apres le commandement qui leur en sera fait, à peine d'amende arbitraire & y estre contraints par emprisonnement de leur personnes.

QVE les Cartes, Dez & Tarots qui ont esté cy-deuant apportez au Bureaux dudit Mathieu pretendus marquez de la marque des precedens Fermiers elles seront representez pardeuant ledit executeur du present Reglement afin que ceux veritablement marquez par les precedens Fermiers & dont la verité ne sera reuocquée en doute, leur soient renduës apres auoir esté contremarquées par ledit Mathieu sans pour ce payer aucune chose.

Et pour les autres dont la verité de la marque sera par ledit Mathieu reuocquée en doute seront mises à part pour estre contremarquées, le droict payé par ceux qui les auront apportées & representées, & par apres estre d'eux remportées, ou si ils soustiennent la marque veritable en estre informé, & icelle verifiée par expers qui seront nommez par les parties ou pris d'office, & si elles sont trouuées fausses estre lesdites Cartes confisquées au profit dudt Mathieu & ceux qui l'auront soustenuë vraye, condamnez en vne amande arbitraire au payement desdits droicts & amandes, ils seront contraints par toutes voyes comme pour les propres deniers & affaires de sa Majesté.

Qve lesdits Cartiers seront tenus d'apporter incessamment & de huictaine en huictaine au Bureau dudit Mathieu toute la quantité de Cartes & Tarots qu'eux & leurs ouuriers auront façonnées & fabriquées pour estre icelles par luy & ses Commis marquées & renduës ausdits Maistres Cartiers dans la huictaine du iour qui les auront apportées, en rapportant par lesdits Cartiers celles qu'eux & leurs ouuriers auront fabriquées pendant ladite semaine, & ce à peine de confiscation des cartes qui se trouueront n'auoir point esté apportées pour marquer, à peine de dix liures d'amende pour la premiere fois, qui sera augmentée par le Commissaire contre ceux qui se trouueront auoir recidiué.

Qve rendant par ledit Suppliant ou ses Commis lesdites cartes marquées; il sera payé, sçauoir pour chacun jeu de cartes, tant fines que maistresses quinze deniers; Pour chacun jeu de Tarots deux sols six deniers; Et pour chacune balle de Dez quinze deniers, conformement aux Edict, Declarations, Arrests & Reglemens concernans l'imposition dudit droict.

Qve lesdits Maistres Cartiers seront tenus en apportant lesdites cartes au Bureau par chacune semaine faire leurs declarations sur le Registre du Suppliant ou ses Commis, & icelles signer de la quantité desdites cartes qu'ils auront apportées, & declarer si en en leurs maisons ils n'en ont point delaissé, que celles qui seront apportées leur seront renduës apres ladite huictaine, comme dit est; Et en les retirant par eux & payant ledit droict ledit Registre sera en leur presence deschargé; & outre leur en sera baillé acquict par ledit Suppliant ou ses Commis.

QVE les Registres seront paraphez par les Commissaires à la premiere & derniere page signée d'eux, & tous les feüillets cottez.

QVE le present Reglement sera obserué pour ce qui est des Dez, & les ouuriers qui en font, tenus iceluy obseruer en tous ses poinct & articles comme s'ils estoient particulierement exprimez desnommez & fait mention en chacun d'iceux.

QVE deffences seront faites ausdits Cartiers de se seruir d'autres marques pour les enueloppe de leur cartes, que celles qui leur sont données par les Statuts & Reglemens de la police, sans qu'ils puissent changer lesdites enueloppes, les vns se seruir de celles des autres; Ne aussi se seruir des enueloppes des Cartiers de Rouën ou autres villes ou se fabriquent des cartes, & seront tenus faire leurs enueloppes proptement, & qui couurent toutes les cartes afin qu'elles puissent estre marquées sans les gaster.

QVE defences seront faites ausdits Maistres Cartiers d'exposer vendre & debiter lesdites Cartes, Dez & Tarots, & à tous Marchands Merciers, Grossieres, maistres Chandelliers & autres faisant traficq desdites Cartes, Dez & Tarots de les achepter d'eux, & les reuendre & distribuer qu'ils ne soient marquées de la marque du Suppliant & luy payé dudit droict, ne d'vser à l'aduenir d'aucune frande à peine de confiscation, & de trois cens liures d'amende.

QVE pareillement seront faites deffences ausdits Cartiers, marchands Grossiers, Merciers, Chandelliers, & autres faisant traficq desdites Cartes, Tarots & Dez de contrefaire la marque du Suppliant à peine d'amende & punition corporelle, autant de laquelle marque sera mise aux Greffes des Iuges.

QVE pour éuiter aux fraudes fera permis au Suppliant faire faire visite dans les maisons, bouticques & magazins desdits Maistres Cartiers, marchands Grossiers, Merciers, Chandelliers & autres faisant traficq desdites Cartes, Tarots & Dez, toutesfois & quantes qu'ils verront estre à propos de le faire, laquelle visitation se fera en cette ville par le premier Commissaire du Chastelet sur ce requis, & hors icelle par les deputez des Cõmissaires deleguez, & à la suite de la Cour par vn des Lieutenans du grand

Preuost, pour leurs procez verbaux rapportez pardeuant les Commissaires estre fait droict sur iceux & les Cartes & Dez qui se trouueront non marquez par ledit Mathieu ou ses Commis confisquez, & le marchant ou autre chez qui ils seront trouuez condamnez en ladite amende de trois cens liures conformément aux Edicts & Arrests de reglemens sur ce faits.

Qv'il sera incessamment procedé extraordinairement contre ceux qui ont fabriqué les fausses marques & leurs complices & iceux punis corporellement.

Qve to is ceux qui se trouueront saisis de faux cachets, moulles empreintes ou marques, ou cōuaincu d'en auoir fait seront punis corporellement, & ceux qui se trouueront auoir vendu desdites Cartes, Dez & Tarots en feüilles blanches sans auoir lesdites enueloppes marquées ou contremarquées, ils seront punis de ladite amende, & en cas que par cy apres ils se trouuent y auoir recidiué, sera procedé contr'eux extraordinairement, & à la seconde contrauention punis corporellement & descheus de leurs Priuileges & Maistrises.

Et pour l'execution dudit Contract & present Reglement dans l'estenduë de la Ville & Generalité de Paris; sa Majesté a commis le sieur d'Herbelay Conseiller en son Conseil, Maistre des Requestes de son Hostel, pour instruire les differens qui pourront suruenir, & iceux auec leurs circonstances & dependances iuger & terminer auec le sieur Thubeuf aussi Conseiller en son Conseil & Intendant de ses finances, ou d'iceux faire rapport audit Conseil pour y estre iugez & terminez ainsi que de raison, si la matiere le requiert.

Et pour ce qui est de l'estenduë des autres Generalitez de ce Royaume, sa Majeste a commis & commet les Sieurs Intendans de la Iustice & police esdites Generalitez & Prouinces, à tous lesquels & chacun d'iceux sadite Majesté en a attribué toute Cour, Iurisdiction & cognoissance, icelle interdite à tous autres Iuges, auec pouuoir de subdeleguer pour instruire és lieux ou la necessité des affaires plus importantes ne leur permettra d'aller; Et seront les Iugemens rendus par lesdits Intendans executez nonobstant oppositions ou appellations quelconques, & sans preiudice d'icelles, & si aucunes interuiennent sa Majesté s'en reserue la cognoissance & à sondit Conseil, & l'interdit à toutes autres Cours & Iuges, pour estre les appellations des Iugemens desdits sieurs Intendās reglées

& iu-

& iugées au Conseil au rapport de celuy desdits sieurs Maistres des Requestes qu'il aura pleu à sa Majesté commettre & deputer pour ladite Generalité de Paris : Et d'autant que l'on a affaire du present Reglement en plusieurs & diuers lieux sadite Majesté veut qu'aux coppies deuëment collationnées par l'vn de ses Conseillers & Secretaires foy soit adioustée comme à l'original. FAIT au Conseil d'Estat du Roy tenu à Paris le vingt-troisiesme iour de Decembre mil six cens quarante-trois. Signé, GALLAND.

LOVIS, par la grace de Dieu, Roy de France & de Nauarre; A nos amez & feaux Conseillers en nostre Conseil d'Estat, les Sieurs Intendens de Iustice & Finances des Generalitez & Prouinces qu'il appartiendra : Salut, Suiuant l'Arrest dont l'Extraict est cy-attaché soubs le Contresel de nostre Chancellerie ce iourd'huy donné en nostre Conseil d'Estat; Sur les Requestes respectiues de François & Pierre de Laistre, Iacques Vieuille, Maistres Iurez Cartiers de Cartes, Tarots & Dez d'vne part. Et Hillaire Mathieu proprietaire de la Marque & Controlle d'iceux dans l'estenduë de ce Royaume. Nous vous mandons & Ordonnons de proceder par vous ou vos subdeleguez à l'instructions & iugement des differens qui pourront suruenir concernans la Marque des Cartes, Tarots & Dez, vous en attribuant à cette fin chacun en droict soy toute Cour Iurisdiction & cognoissance. Icelle interdisons à tous autres Iuges, & seront les appellations iugées en nostredit Conseil, conformément audit Arrest : Lequel nous commandons au premier nostre Huissier ou Sergent sur ce requis, de signifier ausdits Maistres Iurez Cartiers : Aux precedens Fermiers des droicts de Marque & Controlle, & à tous autres qu'il appartiendra à ce qu'ils n'en pretendent cause d'ignorance; Et faits pour l'execution d'iceluy à la Requeste dudit Mathieu tous commandemens, sommations, contraintes par les voyes y declarées, inionctions & deffences sur les peines y contenuës, & autres actes & exploicts necessaires sans autre permission; Nonobstant aussi clameur de Haro, Charte, Normande, prise à partie & choses à ce contraires. Et sera adiousté foy comme aux originaux aux copies dudit Arrest & des presentes collationnées par l'vn de nos Amez & Feaux, Conseillers & Secretaires : Car tel est nostre plaisir. Donné à Paris le vingt-troisiesme iour de Decembre l'an de grace mil six cens quarante-trois. Et de nostre Regne le premier. Signé, Par le Roy en son Conseil, GALLAND. Et scellé du grand Sceau de cire jaune.

Collationné aux Originaux par moy Conseiller Secretaire du Roy & de ses finances.

EXTRAICT DES REGISTRES du Conseil d'Estat.

SVR la Requeste presentée au Roy en son Conseil par Hilaire Mathieu Proprietaire du droit de Marque & Controolle des Cartes, Dez & Tarots, dans toute l'estenduë de ce Royaume: Contenant que dés le dixiesme iour de Septembre 1643, il s'est rendu Adiudicataire dudit droict, lequel il n'a èn façon quelconque pau establir, soit en ceste ville de Paris: Par les oppositions, empeschemens, malices & artifices des Marchnds Merciers, Grossiers, Chandeliers, Tabletriers, Cartiers & autres, lesquels n'ont apporté & n'apportent aucunes Cartes, Dez ou Tarots aux Bureaux dudit Supplint, soit dans les autres villes de ce Royaume: dans lesquelles à l'exemple de ceux de Paris, ils empeschent par chicaneries, monopoles, rebellions, assemblées, & menaces l'execution des Edits, Reglemens & Arrests interuenuz pour l'establissement & perception dudit droict. Qu'en vertu desdits Edicts, Arrest & Reglemens, ledit Suppliant ayant faict faire diuerses visites chez ceux qu'il iugeoit à propos & necessaires, & les ayant trouuez non seulement vne fois, mais plusieurs tombez dans les contrauentions manifestes, il auroit demandé la confiscation desdites marchadises, & l'amande portée par tous lesdits Edicts & Arrests: Ce qui luy auroit esté refusé & dénié contre les termes formels & precis de l'Arrest d'adiudication faite à son profit dudit iour dixiesme Septembre dernier, sous la foy duquel il auroit contracté: faicts les payemens, aduances, frais & despens esquels il est entré: lesquelles aduances montent à soixante six mil liures, suiuant les quittances de l'Espargne, sans y comprendre les frais qui montent encor à plus de vingt mil liures, & le tout sans aucun fruict iusques à present, mesme sans esperance pour l'aduenir. Requeroit iceluy Suppliant qu'il pleust à sa Majesté, attendu la nonjoüissance & les troubles faicts audit Supplians, lequel offre de compter de ce qu'il a receu iusques à present, qui ne se monte au plus qu'à huict cens liures : Ordonner que les sommes par luy fournies en ses coffres luy seroient renduës, ensemble les sommes esquelles se trouueroient monter les frais & despens esquels il est entré pour establir ledit droict : Comme aussi le descharger du surplus de ce qui est porté par son Arrest d'adjudication dudit iour dixiesme Septembre dernier : Sinon ordonner que les Arrests cy-deuans rendus pour la leuée & perception dudit droict seroient executez selon leur forme & teneur : Et en outre qu'il pleust à sa Majesté donner vn reglement certain, fixe & arresté, lequel fust cy apres ponctuellement & fidellement obserué, sans qu'il y peust par cy apres estre dérogé : Et suiuant lequel d'oresnauant tous les differends qui pourroient suruenir seroient reglez & terminez, sans qu'il fust permis aux Iuges d'apporter aucunes restrictions ou modifications au preiudice d'iceluy, à peine d'en respondre en leurs propres & priuez noms. VEV ladite Requeste signée Coutel Aduocat audit Conseil, l'Arrest d'adjudication faicte au profit dudit Suppliant le dixiesme Septembre dernier, l'Edict du defunct Roy Henry IV. du quatorziesme Ianuier mil six cens cinq, le reglement du dernier Iuin mil six cens sept, les Lettres Patentes du dernier May mil six cens trente vn, l'Arrest dudit Conseil du cinquiesme Avril mil six cens quarante : Autres Reglemens dés vingt troisiesme Decembre mil six cens quarante trois, & vingt-septiesme Ianuier dernier, l'extraict de la recepte & despence faicte par iceluy Suppliant en l'establissement & perception dudit droict, & autres pieces attachées à ladite Requeste.

Oüy le rapport du sieur d'Herbelay Conseiller du Roy en ses Conseils, & Maistre des Requestes ordinaire de son Hostel, qui en a communiqué auec les sieurs d'Ormesson, & de Moricq Conseillers ordinaires en sesdits Conseils, & le sieur Tubeuf aussi Conseiller de sa Majesté en sesdits Conseils, & Intendant de ses Finances, Commissaires à ce deputez : Et apres que ledit Mathieu & les Iurez & Maistres Cartiers ont esté ouys pardeuant les sieurs Commissaires, & tout consideré. LE ROY EN SON CONSEIL, A ordonné & ordonne que ledit Edict du quatorziesme Ianuier mil six cens cinq sera executé : Et suiuant iceluy que d'oresnauant il ne se fabriquera aucunes Cartes hors des villes où il y doit auoir Bureau mentionnées par ledit Edict & Reglement faits en consequence, qui sont Paris, Roüen, Thoulouse, Lyon, Tiers en Auuergne, Limoges, Troyes, Orleans, Angers, Romans, & Marseille. Et que tous les Ouuriers qui sont habituez dans les autres villes & lieux de ce Royaume seront tenus en vertu du present Arrest, se rendre six mois apres la signification qui leur en aura esté faicte dans les villes où lesdits Bureaux sont establis, auec deffences de plus trauailler ailleurs, à peine de confiscation des Cartes, moules, empraintes, & autres vstanciles generalement quelconques seruant à la fabrique & confection desdites Cartes, & de trois cens liures d'amande: Et à cette fin, que les Officiers des lieux leur feront fermer leurs boutiques, sans qu'ils puissent apres exercer ladite marchandise.

Fait sadite Majesté tres-expresses inhibitions & deffences à tous lesdits Maistres Cartiers, Merciers, Grossiers, Chandeliers, Tabletiers, & tous autres trafiquans de cartes, Dez, ou Tarots dans toute l'estenduë dudit Royaume, de vendre ou tenir en leurs boutiques, maisons & magazins aucunes cartes, Dez ou Tarots, qu'ils ne soient marquez de la marque dudit Suppliant, & controollées par ses Commis, à peine de trois cens liures d'amende, & de confiscation desdites marchandises: Et que d'oresnauant toutes sortes de Cartes de quelque fabrique & portraict que se puisse estre faictes ou à faire, ensemble tous les Dez & Tarots qui seront trouuez esdites maisons, boutiques, magazins desdits Merciers, Grossiers, Chandeliers, Tabletiers, sans estre marquées de la marque dudit Suppliant, & controllées par ses Commis demeureront confisquées: Et que l'Ouurier & Maistre qui les aura faictes sera condamné en trois cens liures d'amande.

Et à cette fin sadite Majesté enjoinct ausdits Cartiers establis par tout le Royaume, de marquer leurs Cartes de leurs noms, comme aussi les enueloppes d'icelles de leursdits noms, enseignes & demeures: Auec deffences de prendre & vsurper les noms, enseignes, marques & enueloppes les vns des autres, quoy que des villes differentes à peine de faux, confiscation desdites Cartes, & de trois cens liures d'amende.

Faict encores sa Majesté deffenses ausdits Cartiers, Merciers, Grossiers, Chandeliers, d'auoir ou tenir en leurs maisons aucunes Cartes, ou les exposer en ventre, si elles ne sont marquées du nom & de l'enseigne du Maistre qui les aura faictes & fabriquées, à peine contre les contreuenans de confiscation desdites marchandises, & d'amande de trois cens liures: & pour cet effect seront tenus

tous

tous lesdits Maistres Cartiers de mettre au Greffe des Iuges ordinaires où sont establis les Bureaux deux jeux de Cartes de chacune de leurs façons : comme aussi deux enueloppes pour y auoir recours quand besoin sera: auec deffences de faire d'autres Cartes que pareilles à celles qu'ils auront mises ausdits Greffes, ny se seruir d'autres enueloppes, icelles changer ou vsurper, comme dit est, à peine de faux, & confiscation: lesquelles Cartes & enueloppes lesdits Cartiers porteront ausdits Greffes huictaines apres la signification qui leur sera faite du present Arrest, autrement & à faute de ce faire dans ledit temps, & iceluy passé, ils y seront contraincts.

Comme aussi a fait sadite Majesté tres-expresses deffences ausdits Maistres Cartiers & tous autres trauaillans dudit mestier de trauailler ou faire trauailler ailleurs que dãs les maisons où ils sont actuellement demeurans, à peine de trois cens liures d'amande, & confiscation desdites Cartes & vstancilles seruans à la fabrique d'icelles: Et à toutes personnes de quelque qualité & condition qu'ils soient, voisins, parens, & generalement tous autres de receler, cacher, l'attirer, ny autrement tenir en leurs maisons, sous quelque pretexte ou occasion que ce soit, mesme en gage ou nantissement aucunes Cartes, Dez ou Tarots, qu'ils ne soient marquez de la marque dudit Suppliant, & controllées par ses Commis, à peine de mil liures d'amande contre lesdits Receleurs, confiscation desdites Cartes, Dez ou Tarots, & de trois cens liures d'amande contre celuy à qui elles appartiendront.

Permet sadite Majesté aux Commissaires du Chastelet de se transporter par permission de Iustice, chez les particuliers contre lesquels il y aura plainte de recelé, pour y faire visites, & ce aux perils, risques & fortunes dudit Mathieu ou ses Commis, desquels ledit Mathieu demeurera responsable ciuilement: & és autres Villes de ce Royaume seront tenus les Iuges des lieux subdeleguez pour l'execution du present Reglement, lors qu'ils en seront requis par les Commis dudit suppliant; de se transporter chez lesdits particuliers soubçonnez de recelé, pour y faire recherche & perquisition desdites Cartes, Dez & Tarots, lesquels particuliers seront tenus faire ouuerture des lieux dont ils seront requis, à peine de conuiction de recelé, & d'estre condamnez comme receleurs: lesquelles visites seront faictes en presence de deux voisins, dont sera dressé procez verbal par lesdits Commissaires ou Iuges subdeleguez, qui seront signez tant par eux que les parties & lesdits voisins: & où lesdits voisins seront refusans d'assister à ladite visite, ne laissera d'estre passé outre à icelle, dont sera fait mention par lesdits procez verbaux, & de signer les procez verbaux des visites qui auront esté faites en leurs maisons.

Et quand aux Merciers, Grossiers, Chandeliers, Tabletiers & autres sujets au payement dudit droict, seront tenus de souffrir les visites en leurs maisons, boutiques ou magazin en la maniere cy-dessus; toutesfois qu'il sera iugé à propos par ledit Suppliant ou ses Commis, & faire ouuerture de tous les lieux dont ils seront requis: sinon permet sadite Majesté aux Officiers ordonnez pour faire les visites de faire faire lesdites ouuertures pour la perquisition & recherche desdites Cartes, Dez & Tarots; & à cét effet tant lesdits particuliers, que lesdits Marchands & Ouuriers suiets audit droit subiront interrogatoire & respondront pertinemment aux Officiers faisant lesdites visites, à peine de conuiction.

Que tous les Cartiers par tout ledit Royaume seront tenus huictaine apres la signification du present Arrest & Reglement, de venir declarer leurs noms, surnoms & enseignes de leurs maisons & boutiques: comme aussi toutes les semaines vne fois venir declarer aux Bureaux dudit Suppliant, les noms & surnoms, nombres, quantitez & pays des Garçons, Ouuriers, Compagnons ou Apprentifs, qui auront demeuré chez eux pendant ladite semaine, de laquelle declaration ils prendront acte aux Bureaux dudit Suppliant, lequel acte leur sera donné gratis par ses Commis, à peine de concussion, & ce à peine de dix liures d'amande pour chacune fois qu'ils manqueront, payable en vertu du present Arrest.

Faict en outre ladite Majesté tres-expresses inhibitions & deffences à tous Maistres Cartiers, Merciers, Grossiers, Tabletiers, Chandeliers, & tous autres de mesfaire ny médire, de fait ou de parole, soit par eux, leurs femmes, enfans, apprentifs, compagnons, garçons, domestiques, & tous autres, au Suppliant, ses Commis, & à vn des Maistres Carties, qu'il sera permis audit Suppliant & à sesdits Commis de prendre pour aller en visite, tel que bon luy semblera, en luy payant ses iournées raisonnables: lequel Maistre Cartier sera tenu de signer les procez verbaux desdites visites & faire serment deuant les sieurs Commissaires & subdeleguez, de bien & fidellement visiter chez ceux où l'on fera lesdites visites, & dire verité, & ce à peine d'en respondre en leurs propres & priuez noms, & de trois cens liures d'amande.

Et à cette fin sadite Majesté a mis & met ledit Suppliant, ses Commis, & ledit Maistre Cartier en sa protection & sauuegarde, & en celles desdits Maistres Cartiers, Merciers, Grossiers, Chandeliers & Tabletiers.

A fait & fait tres-expresses inhibition & deffences à toutes personnes de quelque qualité & conditions qu'ils soient, d'empescher ou retarder en quelque façon ou maniere que ce soit l'establissement & leuée dudit droit, à peine de tous despens, dommages & interrests: Et aux Cartiers, Merciers, Chandeliers & Tabletiers, de faire aucunes assemblées, monopolles ou conspirations pour empescher ladite leuée, à peine de punition corporelle & de tous despens, dommages & interrests.

Enjoint sadite Majesté aux Maires & Escheuins, Iurats, Capitouls, Preuost des Marchands, & Preuost des Mareschaux, & autres Officiers des villes de ce Royaume, de tenir la main à l'execution du present Arrest: Empescher toutes assemblées populaires, & prester main-forte si besoin est aux Commis dudit Suppliant, à peine d'en respondre en leurs propres & priuez noms. Fait au Conseil d'Estat du Roy, tenu à Paris le dix-huitiéme iour de Iuin mil six cens quarante quatre.

Signé, DE BORDEAVX.

EXTRAICT DES REGISTRES *de la Cour des Aydes.*

ENTRE les Maistres Iurez Cartiers de cette ville de Paris demandeurs en Reglement d'vne part; & Maistre Iacques le Duchat Fermier de l'Imposition des cartes, dez & tarots d'autre: Veu par la Cour le procez verbal fait par l'vn des Commissaires à icelle à ce commis, du vingt-vniéme Nouembre mil six cens vingt-quatre, & autres iours suiuans sur la saisie de trois tonnes de cartes de Roüen, saisies au batteau de Aubin Lasne, voiturier par eau demeurant à Roüen à laquelle lesdits Maistres Iurez Cartiers seroient interuenus, par lequel procez verbal ledit Commissaire auroit donné acte aux parties de leurs dires, declarations & consentemens par elle fait. Et pour faire droict sur toutes les demandes, fins & conclusions respectiuement par lesdites parties; il auroit ordonné que l'Edict & Reglement fait sur l'imposition desdites, cartes, dez & tarots: Ensemble sondit procez verbal seroit mis pardeuers luy, pour en estre par luy referé à la Cour, & estre par icelle fait droict aux parties, ainsi que de raison. Requeste desdits Maistres Cartiers, afin d'estre receus parties interuenantes en ladite instance de saisie. Autre requeste dudit le Duchat ordonné estre communiquée ausdits Iurez Cartiers, & iointe audit procez verbal les Edict, Arrests & Reglemens du Conseil donnez en consequence d'iceluy. Les articles accordez entre ledit le Duchat, & lesdits Maistres Iurez Cartiers passez pardeuant Notaires le huictiesme Septembre mil six cens vingt-deux. Conclusions du Procureur General du Roy; Et tout consideré: LA COVR, Faisant droict sur l'instance, A fait & fait inhibitions & deffences à l'aduenir, à tous Marchands Grossiers, Merciers, Chandeliers, & reuendeurs de cartes, & tous autres de faire amener, vendre ny debiter en cette ville de Paris aucunes cartes, & audit le Duchat d'en donner aucune permission si elles n'ont esté fabriquées par lesdits Maistres Cartiers de Paris, & qu'elles ne soient enueloppées, des enuelopes, & marquées de la marque dudit le Duchat, à peine de cent liures d'amende, & de confiscation desdites cartes, sans toutefois que les marques & enuelopes dudit le Duchat puissent entierement couurir les marques & moules ordinaires desdits Maistres Cartiers: Enjoint ladite Cour ausdits Maistres Cartiers de fabriquer leurs cartes de bon papier, & bien conditionné, en sorte que debit s'en puisse faire sans plainte. A permis & permet audit le Duchat faire visiter les cartes qui luy seront fournies par vn ou plusiers des Iurez dudit mestier de Cartes en la presence d'vn Huissier de ladite Cour, si bon luy semble; & à ses despens, sauf à iceux recouurer contre lesdits Cartiers ou lesdites Cartes se trouueront mal conditionnées: ordonne en outre que les articles accordez entre ledit le Duchat & lesdits Maistres Cartiers seront entretenus & executez selon leur forme & teneur, & sans despens. Prononcé le quatriesme iour de Fevrier mil six cens vingt-cinq.

Signé, BAVSSAN.

12. sept. 1626

LETTRES PATENTES DV ROY du vingt-huictiesme Mars 1626. verifiée à la Cour des Aydes, le dousiesme Septembre 1626.

LOVIS, par la grace de Dieu, Roy de France & de Nauarre; A tous ceux qui ces presentes Lettres verront, Salut: Le feu Roy Henry le Grand nostre tres-honoré Seigneur & Pere, auroit par son Edict & Declaration du quatorsiesme Ianuier 1605. estably la leué des droicts des Cartes, Tarots, & Dez, pour estre fait en sept Bureaux, à sçauoir Paris, Roüen, Lyon, Thoulouze, Troyes, Limoges & Thiers, lesquels droicts ayant esté affirmez en nostre Conseil le dousiesme Iuillet mil six cens vingt-deux, à Iacques le Duchat, sur la plainte qui nous auroit esté faite par les Maistres Cartiers de nostre ville de Lyon, la leuée desdits droicts auroit esté sursize par Arrest de nostre Conseil du vingt-vniesme d'Octobre 1623. & depuis le bail dudit le Duchat reduit à la iouïssance du Bureau de Paris, seulement du gré & consentement des Cartiers de ladite ville, pour le regard duquel ladite surseance auroit esté leuée par autre Arrest de nostredit Conseil du dernier Aoust de l'année mil six cens vingt quatre, & d'autant que l'estenduë dudit Bureau de nostre dite ville de Paris estoit incertaine, n'ayãt esté reglée iceluy le Duchapt se seroit pourueu par Requeste en nostre Conseil pour la faire regler: Laquelle nous aurions renuoyé à nos amez & feaux Conseillers en nostre Conseil d'Estat, les sieurs Barentin, & Turpin pour regler l'estenduë & consistance dudit Bureau, lesquels par leur aduis auroient trouué qu'il estoit à propos que d'oresnauant les Elections de Paris, Senlis, Mante, Montfort, Dreux, Estampes, Dordan, Melun, Rozay, Colommiers, Prouins, Nemours, Meaux, Chasteau-Thiery, Soissons, Noyon, Pluuiers, Crespy, Laon, Compiegne, Clermont, Beauuais, Montargis & Sezanne fussent declarées estre de l'estenduë & consistance du Bureau de nostredite ville de Paris, tant pour eſtre proches d'icelle, que pour auoir leur commerce & trafficq ordinaire en ladite ville, en laquelle les habitans deſdites Eſlections ſont ordinairement ou y enuoyent pour leurs autres affaires & negoces, ce faiſant que inhibitions & deffences fuſſent faites aux Marchands Mercier demeurans eſdites Eſlections de vendre en gros ou en deſtail aucunes cartes qui n'euſſent eſté marquées au Bureau de Paris par ledit Duchat, ſes Commis, ou au bureau qui par ledit Duchat ſera eſtably en chacune deſdites Eſlections, à peine de confiſcation & autres peines portées par nos Edicts & Reglemens, & en cas de contrauention que ledit le Duchat ſe pouruoiroit pardeuant les Eſleus deſdites Eſlections en premiere inſtance, & par appel en la Cour des Aydes à Paris. Pour ce eſt-il de l'aduis de noſtredit Conſeil, qui a veu la Requeſte preſentée en iceluy par ledit le Duchat, ledit renuoy fait auſdits Commiſſaires par Arreſt de noſtredit Conſeil, & leur aduis donné en conſequence d'iceluy: Auons dict, declaré & ordonné, diſons, declarons, & ordonnons que d'oreſnauant les Eſlections de Paris, Senlis, Mante, Montfort, Dreux, Eſtampes, Dordan, Melun, Rozay, Colommiers, Prouins, Nemours, Meaux Chaſteau-Thiery, Soiſſons, Noyon, Pluuiers, Creſpy, Laon, Compiegne, Clermont, Beauuais, Montargis, & Sezanne, ſeront de l'eſtenduë & conſiſtance du Bureau de noſtredite ville de Paris. Et auons fait inhibitions & deffences à tous Marchands Merciers demeurans eſdites Eſlections, & autres de vendre en gros ou en deſtail aucunes cartes, tarots & dez à nos ſujets qui n'ayent eſté marquées au Bureau de Paris par ledit le Duchat ou ſes Commis, ou au Bureau, qui par ledit Duchat ſera eſtably en chacune deſdites Eſlections, à peine de confiſcation & autres peines portez par nos Edicts & Reglemens; & en cas de contrauention que ledit Duchat ſe pourra pouruoir pardeuant les Eſleuz deſdites Eſlections en premiere inſtance, & par appel en noſtre Cour des Aydes à Paris. SI DONNONS EN MANDEMENT, à nos Amez & Feaux les Gens tenant noſtredite Cour des Aydes de Paris, Eſleus deſdites Eſlections ou autres Officiers, & chacun d'eux que le contenu en ces preſentes, ils faſſent lire publier & enregiſtrer, obſeruer & entretenir, ſans ſouffrir qu'il y ſoit contreuenu en quelque maniere que ce ſoit, & du contenu en icelles faire iouïr plainement & paiſiblement ledit le Duchat. CAR tel eſt noſtre plaisir en témoin dequoy nous auons fait mettre nostre Scel à cesdites presentes. DONNE' à Paris le vingt-huictiesme iour de Mars, l'an de grace mil six cens vingt-six; Et de nostre regne le seiziéme: Signé, LOVIS, & sur le reply, Par le Roy, DE LOMENIE, & scelé du grand Seau sur double queuë de cire iaune.

Registrées en la Cour des Aydes, oüy le Procureur General du Roy pour auoir lieu selon leur forme & teneur, à la charge neantmoins d'establir par ledit Duchat des Bureaux en chacune desdites Elections, suiuant l'Arrest de ladite Cour: du iourd'huy à Paris le douziesme iour de Septembre mil six cens vingt-six.

Signé, DVMOVLIN.

www.ingramcontent.com/pod-product-compliance
Lightning Source LLC
LaVergne TN
LVHW050219180726
843501LV00013BA/2163

* 9 7 8 2 3 2 9 6 5 4 8 8 1 *